파인애플 스토리
the Pineapple Story

이 책을

_____ 께

드립니다.

파인애플 스토리

저작권 ©2008 IBLP-KOREA

2025년 10월 1일 5판(특별판) 6쇄
2019년 7월 1일 4판(컬러판) 7쇄
2012년 10월 1일 3판 6쇄
2008년 1월 1일 개정판 1쇄

펴낸이 IBLP-KOREA
홈페이지 kr.iblp.org
이메일 office@kr.iblp.org
등록 2007.11.12 제60호
ISBN 978-89-94905-18-1 03230
정가 8,000원
잘못된 책은 바꾸어 드립니다.

The Pineapple Story
©1978 Institute in Basic Life Principles, Inc.
All rights reserved.
저작권자의 서면 허락 없이 이 책의 일부 또는 전부를 복사/재생/배포할 수 없으며
디지털 콘텐츠로 전송/게시/스트리밍할 수 없습니다.

파인애플 스토리
the Pineapple Story

분노를 이기는 길
How to Conquer Anger

『파인애플 스토리』는 뉴기니에서 7년에 걸쳐 벌어진 실화입니다. 한 선교사가 삶의 중요한 원리를 깨닫고 분노를 극복하게 되는 과정을 재미있고 의미 깊게 담았습니다. 이 체험담은 우리가 권리를 양보하는 원리를 배우고 삶에 적용하지 않으면 어떤 갈등을 겪을 수밖에 없는지를 잘 보여줍니다.

우리 가족은 밀림 속 원주민을 위해 일했습니다.

어느 날 나는 파인애플을 좀 들여오기로 마음먹었습니다.

그곳 원주민들은 파인애플에 대해 들어도 보고 맛본 적은 있지만 마땅히 파인애플을 구할 길이 없었습니다.

그래서 나는 다른
선교지부에서 파인애플
묘목을 100그루 정도
구했습니다.

그리고는 원주민을 시켜
파인애플 묘목을 모두
심게 했습니다.

물론 품삯을 주었지요. 일한
날수만큼 계산해서 그가 원하는
물건이나 소금을 주었습니다.

어린 묘목이 자라 과실나무가 되고
마지막으로 열매를 맺기까지 엄청 긴 시간이
걸린 것 같습니다. 거의 3년이 걸렸으니까요.

싱싱한 과일이나 채소를 구하기 어려운 밀림에서
살다 보면 신선한 과일 생각이 간절합니다.

드디어 3년째부터 파릇파릇한 파인애플이 하나둘씩 올라왔습니다. 우리는 연말까지 기다렸습니다. 그때쯤이면 풋열매가 익을 테니까요.

이제 연말이 되었습니다. 나는 따 먹어도 될 만큼 무르익은 파인애플이 있나 보려고 가끔씩 아내와 함께 밭에 가서 둘러 보았습니다.

드디어 농익은 파인애플이 보였습니다. 그러나 우리는 하나도 따지 못했습니다! 원주민들이 모두 훔쳐가버렸기 때문이에요!

파인애플이 채 익기도 전에 따 갔습니다. 익기 전에 훔쳐야 주인이 못 가져가!' 이것이 그들의 특기입니다.

나는 원주민들의 선교사지만 그들에게 화를 냈습니다. 선교사가 화를 내면 안 되잖아요. 그걸 누가 모르나요. 그러나 나는 분노했습니다.

"이봐요! 난 이 파인애플을 먹으려고 3년을 기다렸는데 하나도 못먹었단 말입니다. 지금 익어가는 나머지 파인애플을 누가 또다시 훔쳐가면 그 땐 병원 문을 닫을 줄 알아요!"

병원은 아내가 운영하면서 원주민들에게 무료로 약을 주었습니다. 그들은 약값으로 줄 게 아무것도 없었어요. 우리는 원주민들의 질병을 치료하고 아기들의 생명을 살리며 그들을 돕느라 녹초가 되었습니다.

파인애플은 하나 둘 익어갔지만 익는 족족 도둑맞았습니다. 나는 단호하게 대처해야겠다고 느꼈습니다. 더는 그들 마음대로 하게 그냥 놔 둘 수 없었죠. 진짜 이유는 그게 아니라 파인애플을 먹고 싶은 나의 이기심 때문이었습니다. 그래서 병원을 닫았습니다.

원주민들은 병든 아기들을 죽게 내버려 두었습니다. 신경도 안 썼어요. 이곳에서 생명은 하찮았습니다. 악성 폐렴에 걸린 사람들은 기침을 하며 약을 달라고 사정했습니다.

"안돼요, 당신들이 우리의 파인애플을 훔쳐갔잖아요!"

"전 아니에요. 다른 사람이 훔쳤어요."

그들은 기침이 심해지자 애걸했습니다. 우리는 버틸 수가 없었습니다. "알았어요. 내일 아침에 다시 병원을 열겠습니다."

우리가 병원 문을 열자, 원주민들은 파인애플을 훔치기 시작했고, 나는 다시 기분이 나빠졌습니다.

"에이, 파렴치한 사람들!"

마침내 누구의 짓인지 알아냈습니다. 바로 파인애플 묘목을 심어준 원주민이었습니다. "이봐! 우리 밭의 일꾼인 자네가 어떻게 내 파인애플을 훔칠 수가 있어?" 나는 그를 불러 꾸짖었습니다.

"**내** 손이 심었으니, 내 입이 먹어야죠." 그게 밀림의 법입니다

그들에게는 무엇이든지 심은 사람이 임자입니다. 노동의 대가를 품삯으로 받는 개념이 없어요.

그래서 그 일꾼은 "저 파인애플은 다 내 거예요." 라고 말했습니다.

"아니야! 저 파인애플은 내 거야. 내가 당신한테 나무를 심은 품삯을 줬잖아." 내가 아무리 설명해도 그는 파인애플이 어째서 내 것인지를 도저히 이해할 수 없었습니다.

나는 생각했습니다. '이제 어쩐담? 자기네 부족의 법이 그렇다는데 내가 그 법에 맞춰 살 수밖에.'

그래서 이렇게 말했습니다. "좋아, 여기 있는 파인애플을 다 주겠네. 여기서부터 저기까지는 자네 거야. 그쪽 파인애플이 익으면 자네가 가져. 하지만 이쪽에 있는 것은 내 거야."

그는 내 말에 동의하는 것처럼 뭐라고 했습니다. 그러나 내 파인애플은 계속 없어졌습니다.

나는 파인애플 나무를 다 원주민들에게 주고 새 것을 다시 구해야겠다고 생각했습니다. 3년을 더 기다려야 한다는 것을 아는 나로서는 마음먹기 힘든 일이었습니다.

마침내 나는 결심했습니다. "자, 이 파인애플 나무를 모두 당신들한테 주고, 나는 처음부터 다시 시작할 거요. 그러려면 새 파인애플 묘목을 심을 땅이 필요하니까 당신들이 밭을 새로 일궈서 여기 이 파인애플 나무를 모두 옮겨 가시오. 이 파인애플 나무가 당신들 거라면 더 이상 내 밭에 당신의 파인애플을 두고 싶지 않아요."

그러자, 그 사람들이 말했습니다. "투-완(원주민말로 '외부인, 외국인'이라는 뜻임), 그러려면 품삯을 주셔야죠."

"뭐라고요?" 내가 물었더니 원주민들이 말했습니다. "우리한테 당신의 파인애플 나무를 옮겨 심어달라고 부탁하지 않으셨어요? 그건 일이예요."

지금은 파인애플이 내 것이 되었습니다. "좋소. 하루치 품삯을 줄 테니 전부 옮겨 가세요."

그러자 그 일꾼이 말했습니다. "우리는 아직 밭이 없어요. 우리 밭을 일구는 품삯도 주시겠어요?"

나는 넌더리가 났습니다. "관둬요!"

아내에게 말했습니다. "할 수 없군. 이제 사람을 사서 파인애플 나무를 모두 뽑아 쓰레기 더미에 버리라고 해야겠어. 자기들이 원하면 가져가겠지."

우리는 그렇게 했습니다. 파인애플 나무를 모두 뿌리째 뽑아 쓰레기 더미에 버렸습니다. 정말 못할 일이었어요. 모두 멀쩡한 파인애플 나무였으니까요.

그리고 나서 새 묘목을 사왔습니다.

"**자**, 모두 잘 들어요. 품삯을 줄테니까 모목을 심어주세요. 하지만 파인애플은 내가 먹습니다. 나와 우리 가족만 먹고, 당신들은 하나도 먹으면 안 돼요." 라고 말하자 원주민들이 대꾸했습니다.

"그건 안 돼요. 우리가 심은 건 우리가 먹어요."

나는 설명했습니다. "보세요, 나는 밭 일에 매여 있을 시간이 없습니다. 할 일이 태산이에요. 당신들은 여럿이고 나는 혼자니까 당신들이 날 도와줘야 합니다. 내가 바라는 건 당신들이 나무를 심는 거고, 내가 그 열매를 먹는 겁니다."

"**품**삯을 주겠습니다. 뭘 원하나요? 내 말대로 하겠다면 이 멋진 칼을 주지요."

원주민들은 생각하기 시작했습니다. "우리에게 저 칼을 주고 자기는 우리 파인애플을 먹겠대."

마침내 그들이 동의했습니다.

그 뒤 3년 내내 나는 파인애플을 심은 원주민에게 거듭 일깨워 주었습니다. "자, 이 파인애플은 누가 먹을 거죠?"

"당신이요."

"맞아요. 그 칼 가지고 있죠?"

"예."

"그럼 잘 보관하세요."

그가 칼을 잃어버리면 품삯을 준 증거가 사라지기 때문에 나는 다시 곤경에 빠지게 됩니다.

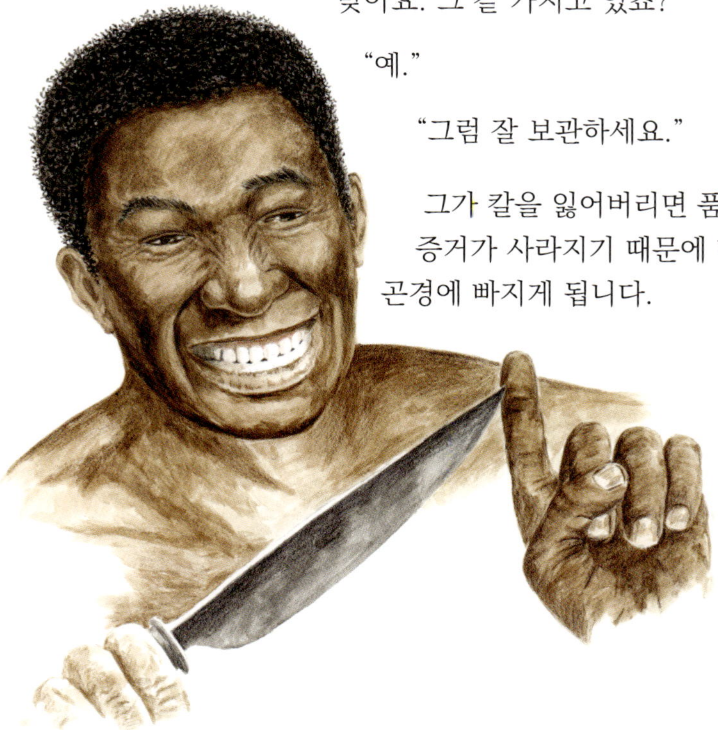

드디어 3년이 지나 파인애플이 익기 시작했습니다.

나는 아내와 밭을 거닐며 이야기했습니다. "여보, 이제 얼마 안 있으면 우리가 먹을 파인애플을 따겠구려."

우리는 열매를 주신 하나님께 감사를 드렸습니다.
그런데 무슨 일이 일어났을까요? 파인애플 열매를 몽땅 도둑맞은 것입니다!

원주민들이 낮에 밭에 들어가 파인애플이 있는 곳을 알아 놓는 모습이 자주 눈에 띄었습니다. 그래서 밤에 쉽게 훔쳐갈 수 있었던 것입니다.

나는 궁리했습니다. '이제 어떻게 하지? 병원 진료를 멈출 수는 없으니까 상점을 닫아야겠다.'

상점은 원주민들이 성냥, 소금, 낚싯바늘 같은 물건을 사는 곳입니다. 원래 이런 것 없이 살던 사람들이니까 상점을 닫는다고 죽지는 않을 것입니다.

나는 말했습니다. "당신들이 내 파인애플을 훔쳐갔으니 상점을 열지 않겠습니다."

우리가 상점을 닫자 그들이 말했습니다. "이제 소금이 없으니 여길 떠나는 게 좋겠어. 저 사람이 상점을 열지 않으니 여기서 저 사람과 함께 살아봤자 우리에게는 득이 될 게 하나도 없어. 우리가 살던 밀림 속으로 돌아가는 게 낫겠어."

그래서 그들은 밀림에서 살겠다며 떠났습니다.

나는 혼자 앉아서 파인애플을 먹었습니다. 사람이 없으니 선교할 일도 없었습니다.

아내에게 말했습니다. "여보, 미국에서도 얼마든지 파인애플을 먹을 수 있잖아. 내 말은 여기까지 와서 한다는 일이 고작 파인애플 먹는 거라면……"

심부름꾼이 돌아왔기에 내가 말했습니다. "모두들 돌아오라고 하세요. 다음 주 월요일부터 상점을 열겠습니다."

나는 궁리에 궁리를 거듭했습니다. '어떻게 하면 저 파인애플을 먹을 수 있을까? 방법이 있을 텐데.' 그때 좋은 생각이 떠올랐습니다.

독일산 셰퍼드! 나는 섬에서 제일 큰 셰퍼드 한 마리를 구해 풀어놓았습니다.

원주민들은 셰퍼드를 무서워했습니다. 그렇게 큰 개를 처음 보았으니까요. 원주민들에게도 개가 있었지만 그 개들은 모두 작고 말랐습니다. 게다가 잘 먹지 못해서 병들고 허약했습니다.

그런데 갑자기 건장한 독일산 셰퍼드가 나타난 것입니다.

원주민들은 개 먹이를 유심히 쳐다보았습니다. 그래서 나는 주위에 그들이 없는지 꼭 확인한 후에야 먹이를 주었습니다. 자기들이 먹는 음식보다 개 먹이가 더 좋은 것을 보면 그들이 몹시 분개했을 테니까요.

개는 제 몫을 톡톡히 해냈습니다. 원주민은 대부분 얼씬도 못했습니다. 그러나 상점을 닫았을 때와 똑같은 결과가 나타나고 말았습니다.

사람들이 오지 않았습니다.

나는 얘기를 나눌 사람이 없었습니다.

원주민 말을 가르쳐 줄 사람도 구할 수 없었습니다.

'이제 어떻게 한담?'

개는 효과가 없었습니다. 더군다나 셰퍼드는
동네 개와 어울리더니 새끼를 낳기 시작했고, 그
새끼들은 거칠고 사나운 잡종 셰퍼드로 자랐습니다.

의사가 말했습니다. "보세요, 선교사님네 애들이든 누구든
그 개한테 물리면 저는 치료 안 합니다."

그 의사는 내가 원주민들에게 써먹은 방법을 그대로
내게 적용했습니다.

나는 아내에게 말했습니다. "개를 없애야겠소."

그리고 개를 없앴습니다. 정말 내키지 않은 일이었죠.

개가 없어지자 사람들은 다시 돌아왔지만 이제 파인애플을 먹을 수 없었습니다.

나는 고민했습니다.
'아! 뭔가 방법이 있을 텐데,
도대체 어떻게 하면 좋지?'

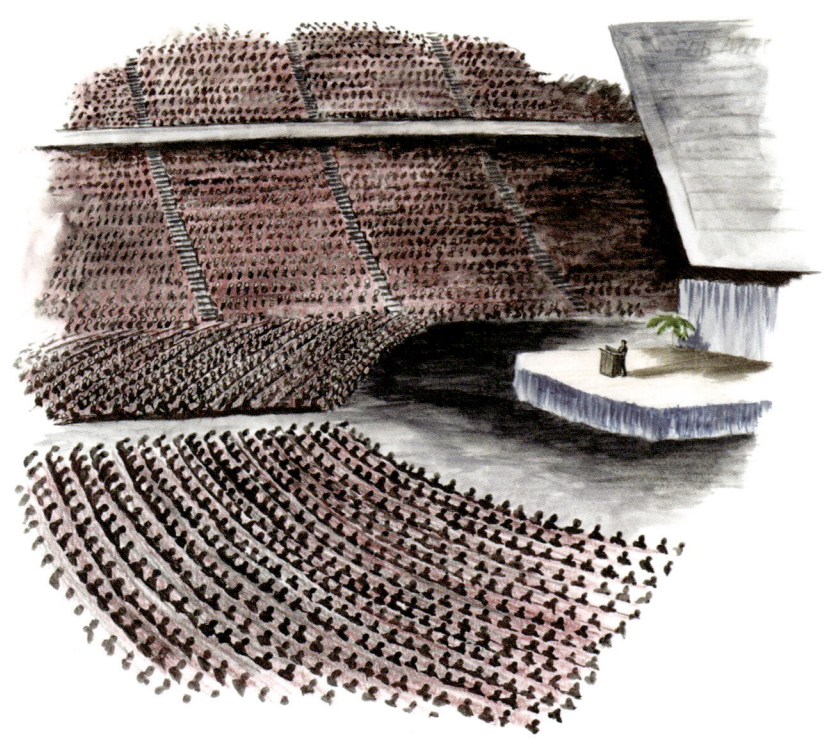

그 후 안식년을 맞아 나는 고국에 돌아와 베이직 세미나*에 참석하게 되었습니다. 거기서 우리의 모든 소유를 하나님께 드려야 한다는 사실을 배웠습니다.

성경은 '네가 주면 얻을 것이고, 너를 위해 쌓아 두면 잃어버릴 것이다. 네가 가진 모든 것을 하나님께 드려라. 그러면 하나님께서 네게 필요한 것을 채워주신다.'라고 말합니다.

이것이 기본 원리입니다.

***베이직 세미나**는 삶의 일곱 가지 기본 갈등을 해결하는 성경적 원리를 가르치는 과정이다. 2011년부터 한국어판이 소개되었다. (kr.iblp.org 참조)

나는 생각했습니다. '그래, 더는 잃을 게 아무것도 없어. 어차피 못 먹는 파인애플이니 그 파인애플 밭을 하나님께 드려야지.'

물론 그것은 그리 대단한 희생이 아니었습니다. 사실은 우리에게 정말 귀한 것을 드려야 하잖아요.

그러나 나는 파인애플 밭을 하나님께 드리고 하나님께서 어떻게 관리하실지 보고 싶었습니다.

나는 말했습니다. "야, 이제 하나님께서 파인애플 밭을 어떻게 하시는지 보겠네."

어느 날 밤 나는 밭에 서 있었습니다. 사람들은 모두 집으로 들어간 후였습니다. 원주민들에게 내가 밭에서 기도하는 모습을 보여주고 싶지 않았습니다.

나는 기도했습니다. "주님, 이 파인애플 나무가 보이시죠? 이 열매를 먹으려고 지금까지 싸웠습니다. 내 것이라고 주장하며 내 권리를 내세웠습니다.

그 모든 것이 잘못임을 이제 깨닫습니다. 잘못을 알았으니 이 밭을 주님께 드립니다. 이제부터 주님께서 즈님의 파인애플을 제가 먹기를 바라신다면, 주님 뜻대로 제게 주십시오. 그러나 안 주셔도 괜찮습니다. 어떻게 하시든 정말 상관 없습니다."

그렇게 나는 파인애플 밭을 하나님께 드렸고, 원주민들은 여전히 파인애플을 훔쳐갔습니다.

그걸 보며 혼자 생각했습니다. '보세요. 하나님도 이 사람들을 막지 못하시잖아요.'

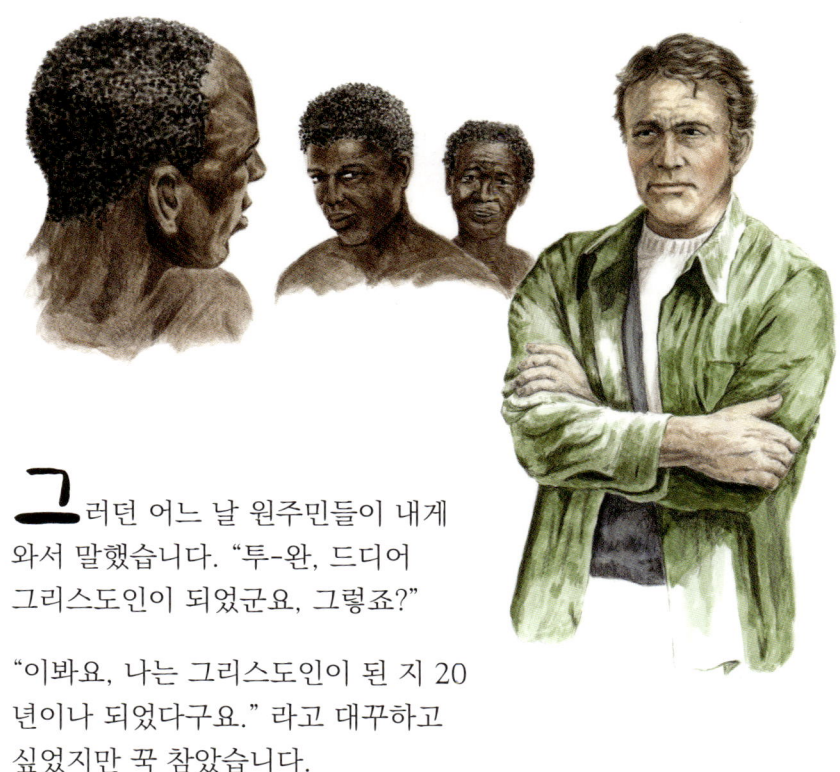

그러던 어느 날 원주민들이 내게 와서 말했습니다. "투-완, 드디어 그리스도인이 되었군요, 그렇죠?"

"이봐요, 나는 그리스도인이 된 지 20년이나 되었다구요." 라고 대꾸하고 싶었지만 꾹 참았습니다.

대신 "왜 그런 말을 하죠?" 라고 물었지요.

원주민들이 말했습니다. "우리가 파인애플을 훔쳐도 화를 안 내니까요."

이 말은 정말 계시였습니다. 이제야 나는 그들에게 가르쳐온 대로 살기 시작한 것입니다.

나는 그들에게 서로 사랑하라, 서로 친절하게 대하라고 가르쳤습니다. 그러면서도 나는 항상 내 권리를 앞세웠습니다. 그들도 그것을 다 알고 있었던 것입니다.

마침내 머리 좋은 젊은이 하나가 잠시 생각하더니 내게 물었습니다. "왜 이제는 화를 안 내시는 거예요?"

나는 그 젊은이에게 이야기해 주었습니다. "내가 그 밭을 어떤 분한테 줘버렸거든. 그 밭은 이제 내 밭이 아니고, 너희들이 훔친 파인애플도 내 것이 아니니 이젠 화낼 필요가 없지."

이번에는 다른 친구가 더 깊이 생각하더니 물었습니다. "누구한테 그 밭을 줬는데요?"

원주민들은 자기들끼리 쳐다보며 물었습니다. "너한테 줬어?" "너한테 줬어?" "도대체 누구야?"

"우리가 이제 누구 파인애플을 훔치는 거야?"

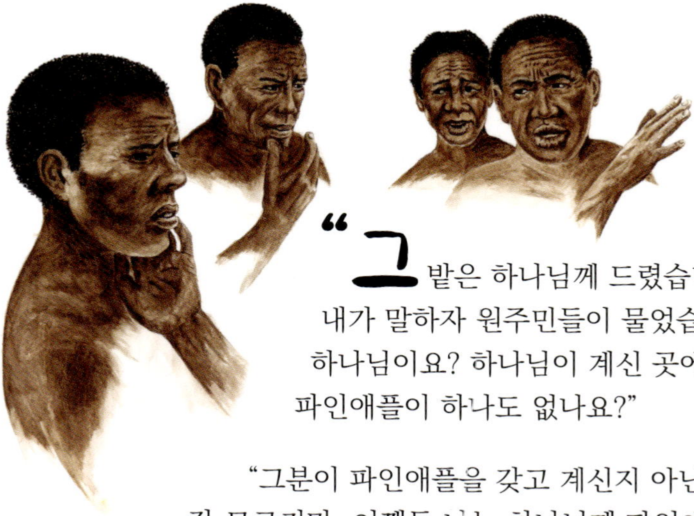

"그 밭은 하나님께 드렸습니다."
내가 말하자 원주민들이 물었습니다. "하나님이요? 하나님이 계신 곳에는 파인애플이 하나도 없나요?"

"그분이 파인애플을 갖고 계신지 아닌지는 나도 잘 모르지만, 어쨌든 나는 하나님께 파인애플 밭을 드렸어요." 내 말을 듣고 사람들이 마을에 가서 알렸습니다.

"이봐, 우리가 누구 파인애플을 훔치고 있는 건지 알기나 해? 투-완이 파인애플 밭을 하나님께 드렸대." 마을 사람들은 모두 이 일에 대해 생각했습니다. 그리고는 우루루 몰려왔습니다.

"투-완, 그러시면 안돼요. 당장 파인애플 밭을 하나님한테서 받아오세요?"

"어쩐지 사냥을 나가도 돼지 한 마리 안 잡히더라니."

"어쩐지 애들이 아프더라고."

"어쩐지 여자들이 아이를 못 낳더라."

"어쩐지 고기가 안 잡힌다 했어."

그러더니 그들이 말했습니다. "가만, 그 밭이 하나님 거라면 이제는 훔치면 안 되잖아?"

그들은 하나님을 무서워했습니다.

그래서 이제는 파인애플들이 익어 갔고, 원주민들이 와서 알려주었습니다. "투-완, 당신의 파인애플이 다 익었어요."

"내 것이 아니에요. 그건 하나님 거예요." 내가 대답하자 그들이 말했습니다.

"그렇지만 그냥 두면 썩어버릴 텐데요. 지금 따는 게 나을 거예요."

그래서 나는 파인애플을 몇 개 가져오고 원주민들도 몇 개 가져가게 했습니다.

우리 가족이 파인애플을 먹으려고 둘러앉았을 때 내가 말했습니다. "주님, 저희들이 이제 주님의 파인애플을 먹습니다. 파인애플을 저희에게 주셔서 감사합니다."

지난 몇 년 동안 원주민들은 내가 하는 말을 들으면서 내 행동을 지켜보고 있었습니다. 그리고 내 말과 행동이 일치하지 않는 것을 알았습니다. 그런데 내가 변하기 시작하자 그들도 변했습니다.

곧 많은 원주민들이 그리스도인이 되기로 결심했습니다.

내 것을 하나님께 드리는 원리는 믿기지 않을 정도로 정말 효과가 있었습니다. 나는 다른 것들도 하나님께 드리기 시작했습니다.

하루는 우리 아들이 아파서 죽을 지경에 이르렀는데 의사에게 데려갈 방법이 없었습니다. 그 순간 아들을 하나님께 드린 적이 없다는 사실을 깨달았습니다. 그래서 기도했습니다. "하나님, 제 아들을 하나님께 드립니다. 주님께서 원하시는 대로 어떻게 하셔도 좋습니다."

아들을 드리는 일은 파인애플 밭을 드리는 것보다 훨씬 어려웠습니다!

하나님께서 내 아들을 데려가실 것에 대해 마음의 준비를 했습니다. 그날 밤 열이 내리고 아들은 회복되었습니다.

원주민들은 물건들을 고쳐 달라고 내게 가져오기 시작했습니다. 나는 말했습니다. "하나님, 제 시간은 주님의 것입니다. 만일 주님께서 저에게 여기 선교지에서 하모니카랑 냄비랑 삽을 고치라고 하셔도 좋습니다!"

성경을 번역하는 일은 거의 하지 못했지만 점점 더 많은 사람들이 그리스도께 돌아왔습니다. 원주민들은 계속 이렇게 말했습니다. "투-완이 그리스도인이 됐어. 우리한테 서로 사랑하라고 말만 하더니 이제 정말 우리를 사랑하기 시작했어."

하루는 내가 부서진 의자를 고치고 있었습니다. "제가 의자를 붙잡아 드릴게요." 한 원주민이 나를 보고 말했습니다.

의자를 다 고치고 나서 내가 물었지요. "왜 소금 달라고 하지 않지?"

"아녜요, 투-완. 잊으셨어요? 제 삽을 고칠 때 당신이 도와주셨잖아요. 지금은 당신이 의자를 고치시니까 제가 도울 차례죠."

나는 생각했습니다. "세상에! 이 사람들이 아무 대가도 안 받고 나한테 뭘 해주다니, 이런 일은 처음이야."

그 뒤 어느 날 성경에서 지금껏 한 번도 눈여겨보지 않았던 말씀을 보았습니다.

> "너희가 그 땅에 들어가 각종 과목을 심거든 그 열매는 아직 할례 받지 못한 것으로 여기되 곧 **삼 년 동안** 너희는 그것을 할례 받지 못한 것으로 여겨 먹지 말 것이요 **넷째 해**에는 **그 모든 과실이 거룩하니** 여호와께 드려 찬송할 것이며 **다섯째 해**에는 그 열매를 **먹을지니** 그리하면 너희에게 그 소산이 풍성하리라 나는 너희의 하나님 여호와이니라"(레위기 19:23-25)

그제야 깨달았습니다!

하나님께서는 파인애플이 익은 첫 해에는 내가 그 열매를 먹는 것을 애초부터 원하지 않으셨습니다! 그것을 모두 하나님께 드리길 바라셨습니다. 그리고 그것을 원주민들에게 주어서 원주민들이 내 선한 행실을 보고 하늘에 계신 내 하나님께 영광을 돌리길 기대하셨습니다. 내가 이 말씀대로만 했다면 다섯째 해에는 원주민들이 내게 파인애플을 먹으라고 간청했을 것입니다.

아이고! 그랬더라면 이런 골치아픈 일을 하나도 겪지 않았을 텐데!

당신의 '파인애플 밭'은 무엇입니까?

"파인애플 밭"이 어떻게 생기는지를 안다

1. 하나님이 우리를 어떻게 설계하셨는지를 이해한다

하나님은 우리가 하나님과 매일 교제하도록 우리를 창조하셨다. 하나님은 영이시므로 우리가 하나님의 지혜를 이해하고 사랑, 기쁨, 화평, 인내, 부드러움, 선함, 믿음, 온유(우리의 권리를 양보함), 절제와 같은 성령의 덕목을 만끽할 수 있도록 우리를 영원한 영으로 만드셨다.[1] 우리는 영(프뉴마)과 혼(프쉬케, 지정의)을 가진 몸이 아니라 혼을 갖고 몸 안에 있는 영이다.

2. 분노가 어떻게 시작되는지를 안다

아담과 하와가 하나님께 순종하는 동안은 완전한 교제를 가졌다. 그러나 어느 날 아담과 하와는 '하나님처럼' 되고자 결심하고 스스로 옳고 그름을 결정한다. 자신의 혼(지정의)이 주체가 되었다. 그렇게 해서 분노가 시작되었다. 이는 죄의식, 정욕, 원망, 탐욕, 두려움, 시기의 출발점이기도 했다. 화가 나는 것은 예외 없이 우리의 혼(지정의)이 장악했다는 증거다.

3. 영이 '새로 태어남'을 경험한다

아담과 하와가 하나님께 반항했을 때 그들의 영원한 영은 죽었다. 실제로 우리는 모두 아담이 죄를 지을 때 그의 몸의 일부였다. 그러므로 우리는 '아담 안에서' 죄를 지었고 영이 죽은 채 태어났다.[2] 이 문제를 해결하려면 우리의 영이 다시 태어나야 한다. 예수님은 이렇게 밝히셨다. "진실로 진실로 네게 이르노니 사람이 [영으로] 거듭나지 아니하면 하나님의 나라를 볼 수 없느니라……육으로 난 것은 육이요 영으로 난 것은 영이니"[3] 영생은 선한 행위로 취득하는 것이 아니다. 하나님이 거저 주시는 선물이다. 성경은 말한다. "죄의 삯은 사망이요 하나님의 은사(카리스마)는 그리스도 예수 우리 주 안에 있는 영생이니라"[4] 이것이 좋은 소식(복음)이다!

당신은 이 선물을 받았는가? 지금이라도 하나님께 이렇게 말씀드리면 받을 수 있다. "제 혼(지정의)을 제 삶의 주체로 삼은 죄를 시인합니다. 예수님을 보내셔서 저의 죄를 대신해 죽게 하신 것에 감사드리고 예수님을 죽음에서 일으키신 것에 감사드립니다. 예수님을 저의 주님과 구주로 받아들입니다. 이 기도를 들으시고 제게 영생을 주셔서 감사드립니다."

4. 우리의 '새로 태어난' 영이 다스리게 한다

우리 영의 행동으로 우리는 새로 태어난 영이 삶의 모든 반응을 주관하게 해야 한다. 우리의 혼(지정의)을 하나님의 말씀의 권위와 성령님의 지도 아래 둔다는 뜻이다. 이렇게 해야 하나님과 타인에 대한 참사랑을 가로막는 분노와 모든 스트레스로부터 우리의 혼(지정의)을 깨끗이 할 수 있다. 성경은 말한다. "너희가 [성령을 통해] 진리를 순종함으로 너희 영혼(프쉬케, 지정의)을 깨끗하게 하여 거짓이 없이 형제를 사랑하기에 이르렀으니 마음으로 뜨겁게 서로 사랑하라"[5]

우리의 혼(지정의)이 주체가 되면 우리는 교만하게 되고 교만으로는 싸우기만 할 뿐이다.[6]

---

[1] 갈라디아서 5:22-23　[2] 고린도전서 15:22　[3] 요한복음 3:3, 6　[4] 로마서 6:23　[5] 베드로전서 1:22　[6] 잠언 13:10

'파인애플 밭'이 어떻게 건강을 해치는가

질병의 5대 주원인

1. **무엇을 생각하는가**
   삶의 일곱 가지 스트레스

2. **무엇을 듣는가**
   "죽음과 삶이 혀의 힘에 있다."

3. **무엇을 하는가**
   우리는 심은 대로 거둔다

4. **무엇을 먹는가**
   원망은 음식을 독으로 바꾼다

5. **무엇을 물려받는가**
   앞 세대의 병약함

우리의 몸 체계를 무너뜨리는
7대 치명적 스트레스

스트레스 ― 몸 체계

1. 분노 ― 심혈관계
2. 죄의식 ― 신경계
3. 정욕 ― 내분비계
4. 원망 ― 소화계
5. 탐욕 ― 면역계
6. 두려움 ― 호흡계
7. 시기 ― 근골계

분노의 스트레스

의학 연구에 의하면 모든 질병의 70퍼센트가 스트레스 때문이다. 이 스트레스는 MRI 촬영에 나타나지 않고 단순한 증상 치료로 해결되지 않는다. 약물 치료는 독성 때문에 '부작용'의 피해가 있다. 최선책은 문제를 하나님의 시각에서 보고 고통스런 기억들을 변환함으로 스트레스를 해결하는 것이다.

분노의 피해

분노는 아드레날린과 코르티솔과 같은 호르몬을 과다하게 분비시킨다. 이 호르몬은 싸우거나 도망쳐야 하는 응급 상황을 위한 강력한 호르몬이다.

분노가 반복되면 이러한 호르몬이 동맥 내벽에 상처를 입힌다. 콜레스테롤이 동맥에 쌓여 플라크를 만든다. 동맥이 막혀 혈액 순환이 잘 안 된다. 고혈압과 온갖 심장병을 일으킨다.

결국 손상된 동맥은 혈전, 뇌졸중, 죽음을 부르기도 한다. 분노의 원인을 알고 처리하면 이것을 모두 해결할 수 있다.

'파인애플 밭'을 하나님께 드리는 법

1. 당신을 화나게 만드는 것이 무엇인지 생각해 보십시오

선교사는 자기 파인애플을 원주민들이 먹었기 때문에 화가 났습니다. 우리는 부모님이 의견을 존중해 주지 않아서, 어떤 활동을 승낙하지 않아서, 데이트하고 싶은 상대를 받아들이지 않아서 부모님에게 화가 나기도 합니다. 친구가 나에 대해 사실이 아닌 말을 퍼뜨려서, 나를 따돌려서 화가 나기도 합니다. 신체에 장애가 있어서, 또는 사랑이 없는 가정환경 때문에 하나님께 화를 내기도 합니다.

2. 다른 사람이 침해하고 있는 당신의 권리를 나열하십시오

선교사는 자기 파인애플을 먹을 권리가 있었지만 원주민들이 그의 권리를 존중하지 않았습니다. 자기 의견을 내세우고, 활동을 계획하고, 친구를 택할 당신의 권리를 부모님께서 존중하지 않으시기도 합니다. 좋은 평판을 갖고 함께 어울리고 동참할 당신의 권리를 친구들이 존중하지 않기도 합니다. 건강과 행복한 가정을 누릴 당신의 권리를 하나님께서 인정해 주지 않으신다고 느껴지기도 합니다.

3. 당신의 권리를 모두 하나님 앞에 내려놓으십시오

하나님 앞에 무릎을 꿇고 모든 권리를 그분의 제단 위에 내려놓는 모습을 그려보십시오. 그리고 머리 숙여 "지금 하나님께 모두 드립니다." 라고 고백하십시오. 당신의 권리를 마음대로 처분할 수 있는 권한은 하나님께 있습니다. 이제부터 당신에게는 계획, 의지, 재산, 친구, 의견, 명성에 대해 아무런 권리가 없다는 뜻입니다. 당신의 모든 권리는 이제 하나님의 것입니다.

4. 무슨 일이 있어도 하나님께 감사하겠다고 결심하십시오

하나님께서는 당신이 하나님께 드린 권리 가운데 일부는 당신의 영적 성장에 해가 된다는 사실을 아십니다. 그러므로 하나님께서 당신에게 해로운 권리는 다시 돌려주시지 않을 것입니다. 그것도 감사하십시오. 나머지 권리는 하나님께서 당신에게 다시 맡기실 것입니다. 이것도 역시 하나님께 감사하십시오. 이제부터 그것은 그냥 권리가 아니고 하나님의 목적에 맞게 사용해야 할 특권입니다.

5. 앞으로 화는 하나님의 경종으로 활용하십시오

하나님께 자기 권리를 모두 드릴 때 우리는 온유한 품성을 나타내는 것입니다. '온유'는 우리의 권리를 하나님께 양보하는 것으로, '분노'와는 완전히 반대입니다. 우리는 권리를 주장할 때 화가 납니다. 사실 화가 난다는 것은 하나님께 아직 드리지 않은 권리가 남아있어서 누군가 그걸 찾아냈다는 신호입니다. 그러므로 우리는 화를 하나님의 경종으로 알고 아직 드리지 못한 권리를 찾아내어 하나님께 내드려야 합니다.

이 다섯 단계를 따를 때 우리는 예수님의 가르침에 순종하게 됩니다. "또 무리에게 이르시되 아무든지 나를 따라오려거든 자기를 부인하고 날마다 제 십자가를 지고 나를 따를 것이니라 누구든지 제 목숨을 구원하고자 하면 잃을 것이요 누구든지 나를 위하여 제 목숨을 잃으면 구원하리라 사람이 만일 온 천하를 얻고도 자기를 잃든지 빼앗기든지 하면 무엇이 유익하리요"(누가복음 9:23-25)

그리스도 예수의 마음을 품으십시오

권리를 내드리는 원리는 주 예수 그리스도께서 친히 본을 보여주셨습니다. 예수님은 하나님이셨지만 하나님과 동등한 권리를 주장하지 않으시고 권리를 내려놓고 종의 신분을 취하셨습니다. 예수님은 우리의 죄를 대신해 십자가에서 돌아가시기까지 완전한 순종의 삶을 사셨습니다.

그러므로 하나님께서 예수님을 지극히 높여 모든 이름 위에 뛰어난 이름을 주셨습니다. 그래서 예수의 이름 앞에 모든 사람이 무릎을 꿇어 절하고 입으로 예수 그리스도가 주님이라고 고백해야 합니다. (빌립보서 2:5-11 참조)

오토 코닝 선교사는 어떻게 분노를 이기는 길을 찾았나

Otto Koning

오토 코닝 선교사는 뉴기니의 원주민들에게 파인애플을 훔치지 말라고 누누이 당부했지만 소용이 없었다. 그 후 귀국하여 베이직 세미나(32시간)에 참석했다. 세미나에서 소유를 하나님께 드리고 소유에 대한 모든 권리를 내드리는 원리를 배우고 깜짝 놀랐다.

파인애플 밭을 하나님께 드리면 어떤 일이 벌어져도 하나님께 감사할 수 있을 것 같았다. 원주민들이 계속 파인애플을 훔쳐가면 그것을 하나님께 감사하고, 파인애플을 훔쳐가지 않으면 그것도 똑같이 하나님께 감사하기로 마음먹었다.

이러한 결정은 오토 코닝의 삶에 전환점이 되었다. 원주민들과의 관계도 개선되었다. 그가 내린 결정은 시대를 초월하여 세계 어디서나 적용된다.

베이직 세미나의 비결

베이직 세미나는 일곱 가지 보편적 원리를 집중적으로 가르친다. 이 원리는 주 예수 그리스도의 명령들을 종합한 것이다. 하나님은 매일 그분의 명령에 집중하는 사람들에게 놀라운 약속을 주셨다. 예수님은 말씀하셨다. "나의 계명을 지키는 자라야 나를 사랑하는 자니 나를 사랑하는 자는 내 아버지께 사랑을 받을 것이요 나도 그를 사랑하여 그에게 나를 나타내리라"(요한복음 14:21)

산상수훈에서 예수님은 일곱 가지 스트레스를 밝히셨다. 분노, 죄의식, 정욕, 원망, 탐욕, 두려움, 시기이다. 또 '사랑의 명령' 49개를 주셨다. 놀랍게도 각 스트레스에 7개 명령이 연결된다.

분노에 대한 7개 명령을 따르면 분노의 원천이 끊어지고 자유롭게 기쁨과 평화와 참사랑의 삶을 따르게 된다.

'그리스도의 명령'에 대한 자료는 아이비엘피코리아 온라인서점(kr.iblp.org)을 방문하면 확인할 수 있다.

"투완, 당신은 맨날 화만 내요!"

『책에서 못 다한 파인애플스토리 뒷얘기』(동영상 출시)

파인애플 밭을 놓고 원주민들과 혼신의 힘을 다해 싸우는 선교사, 마침내 하나님은 그에게 다 내려놓으라고 하시는데……

파인애플 스토리의 실제 주인공인 오토 코닝 (Otto Koning)선교사가 책에서 못 다한 이야기를 허심탄회하게 털어놓았다. 자신의 권리를 하나님께 내드리고 분노를 정복한 그의 삶을 통해, 우리는 그리스도께 온전히 항복하고 헌신할 때 비로소 영혼을 구원하고 하나님 나라를 확장하는 증인이 된다는 것을 알 수 있다.

특유의 익살스러운 재담 속에 담긴 심오한 메시지는 우리 그리스도인이 극복해야 할 문제와 그 해답을 놀랍도록 선명하게 제시하고 있다.

상영시간 : 57분 (한글자막 제공)

동영상 온라인 대여/구매 서비스 30% 할인 받기

QR코드 찍고
30% 할인 받기

1. 검색창에 "비메오"를 입력한다. vimeo.com으로 이동한다.
2. Vimeo 홈페이지 검색창에 '파인애플스토리'를 입력한다
3. '파인애플스토리 뒷얘기'를 선택하고, 대여/구매를 선택한다.
4. Vimeo 가입 후, 결제창에서 '대한민국'을 선택하고
   '프로모션 코드 적용' 버튼을 클릭하고
   코드란에 'IBLPKOREA1130'을 입력/적용/결제를 진행한다.
5. 위 프로모션 코드는 선착순 5천명만 사용 가능합니다.

Vimeo 가입 및 로그인 시 사용 가능

'파인애플 스토리' 에피소드 시리즈

『더치 보이』 파인애플스토리 에피소드1 (출간 예정)

더치 보이는 제2차세계대전의 고통을 겪은 한 소년에 관한 이야기이다. 이 이야기는 실화로, 죽음의 공포에 시달리던 소년이 그 두려움을 극복하는 과정을 담았다. 여기서 우리는 어린 소년이 어떻게 두려움을 물리치고 뉴기니에 있는 인간 사냥꾼들과 식인종 부족의 선교사가 될 수 있었는지 보게 된다.

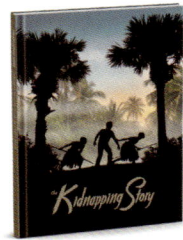

『선교사 납치 사건』 파인애플스토리 에피소드2 (출간 예정)

납치 사건은 코닝 선교사가 겪은 실제 이야기이다. 그가 뉴기니아 정글에서 납치당했다. 이 끔찍한 경험을 통해 선교사는 중요한 교훈을 배웠고 이때부터 그의 사역에 대한 관점은 백팔십도로 달라졌다. 하나님의 뜻은 우리가 시작하는 행동으로 이루어지지 않고 우리가 하나님의 인도를 따라 그분이 여시는 문들을 통과하는 과정에서 이루어진다.

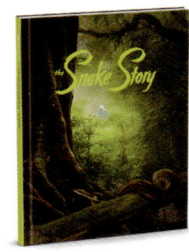

『스네이크 스토리』 파인애플스토리 에피소드3 (출간 예정)

"정글에서 독사를 건드리게 되었다면 당신은 죽음을 각오해야 한다." 정글에 혼자 있을 때 어둠의 세력이 당신을 파멸시키려고 달려든다면 어떻게 하겠는가? 스네이크 스토리는 코닝 선교사가 정글 속에서 악의 세력을 마주했을 때 예수 그리스도의 능력으로 마을 원주민들을 구원으로 이끈 이야기이다. 크리스천들은 정글뿐 아니라 삶의 모든 영역에서 예수 이름으로 행사할 수 있는 어마어마한 권세를 갖는다.

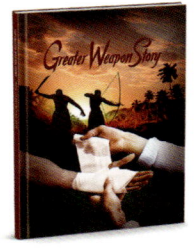

『가장 강력한 무기』 파인애플스토리 에피소드4 (출간 예정)

식인종들조차 무릎을 꿇게 만드는 사랑의 강력한 힘을 잘 보여주는 이야기이다. 코닝 선교사는 정글에서 원주민들을 만나며 중요한 사실을 발견한다. 그들에게는 하나님만이 주실 수 있는 사랑이 필요했던 것이다.

'분노 이기기'에 관한 추가 자료

『베이직 세미나』

오토 코닝 선교사가 어떻게 자신의 파인애플 밭을 하나님께 드리고 분노를 이기는지를 배운 바로 그 세미나이다. 성경의 가르침은 문제들의 근본 원인이 일곱 가지 필수 원리를 어기는 데서 비롯됨을 보여준다. 베이직 세미나는 하나님의 말씀을 삶에 적용하는 데 집중한다.

『진정한 성공의 길』

분노를 이기는 것에서 그치지 않고 좋은 성품을 함양하여 모든 인간관계에서 참사랑을 배우는 것이 중요합니다. 이 책은 가정에서 어떻게 성품을 어떻게 접근할지 단계별 계획을 제안하고, 49가지 품성의 정의와 유익, 자연이야기와 보상 등을 간략히 소개합니다.

『재정적 자유』

가정에서 분노 문제는 대부분 빚, 매달 날아오는 고지서, 채무 보증, 무분별한 재정 조언 때문에 자유를 잃고 속박될 때 일어난다. 유일한 해답은 하나님의 말씀에 담긴 재정 원리에 있다. 『재정적 자유』는 어떻게 돈 대신 하나님을 섬길 수 있는지를 알려준다.

문의처: kr.iblp.org

English Version

- How to Conquer Anger -

©1978, 2016 Institute in Basic Life Principles, Inc. All rights reserved.

The pineapple story, which took place in Dutch New Guinea, covered a period of seven years. It is a humorous yet profound illustration of applying a basic Scriptural principle.

As you read this firsthand account, you will discover that it is a classic example of the type of struggle each of us will face until we learn and apply the principle of yielding personal rights.

THE PINEAPPLE STORY
- How to Conquer Anger -

(The pineapple story, which took place in Dutch New Guinea, covered a period of seven years. It is a humorous yet profound illustration of applying a basic Scriptural principle. As you read this firsthand account, you will discover that it is a classic example of the type of struggle each of us will face until we learn and apply the principle of yielding personal rights.)

My family and I work with these people way back in the bush. One day I decided that I was going to bring in some pineapples. The people had heard of pineapples. They had tasted them, but they didn't have any source to get them.

So I got them from another mission station. I got about one hundred plants. Then I got one of the local men to work for me. He planted all the pineapple shoots for me. I paid him, of course. I paid him salt or whatever he wanted for the days he worked. It seemed to take awfully long for those little shoots of pineapple to become big bushes and finally yield pineapples. It took about three years. Back in the jungle, you long for fresh fruit. You don't get many fresh fruits or vegetables.

In the third year, we finally could see fresh pineapples appearing, and we were just waiting for Christmas time, when they were to be ripe. When Christmas finally came, my wife and I would go for walks to see if any were ripe enough to eat.

Finally, as they began to ripen, we didn't get a single one of them! The natives stole every one! They stole them even before they were ripe. That is their art. Steal it before it is ripe, or the owner gets it. Here I am, a missionary, getting mad at these people. Missionaries aren't supposed to get mad. You all know that. But I got angry. I said: "Look, you guys! I have been waiting for these

47

pineapples for three years. I didn't get any of them. "Now there are others getting ripe. If any more of these pineapples are stolen, no more clinic for you."

My wife was running a medical clinic. She was giving pills to all the natives for free. They didn't have anything to pay. We were knocking ourselves out trying to help these people, taking care of their sick, and saving the lives of their babies. One by one the pineapples ripened, and one by one they were stolen. So I felt I had to stand my ground with these people. I couldn't just let them run all over me. But that really was not the reason. It was a selfish reason. I wanted to eat those pineapples. So no more clinic.

Then they let their sick babies die. They couldn't care less. Life was cheap over there. However, people with bad pneumonia would be coughing and begging us for medicine. We would say, "No! Remember, you stole our pineapples." "I didn't steal them," they would say. "It was the other guys who did it." Then they would continue coughing and begging. We couldn't take it any longer. I broke down and said, "Okay, tomorrow morning we will open the clinic again." When we reopened the clinic, they resumed stealing the pineapples, and I became angry again. Man! Those rascals!

But finally we found out who was doing it—the guy who had planted them. I called him on the carpet and said: "Look, buddy! What are you doing stealing my pineapples? You are my gardener."

He responded, "My hands plant them; my mouth eats them." That was the rule of the jungle. If they planted something, it was theirs. They had never heard of the idea of payment for services. So he said, "They are all mine." I said, "Oh no! They are mine. I paid you to plant them." But he just couldn't understand how that made them my plants. I thought: "Well, what do I do now? It is the rule of their tribe. I'd better learn to live by their rule."

So I said, "All right, I will give you all of these plants. "Everything from here to over there is yours. If they get ripe, they are yours. And these are mine." He sounded like he was in agreement. But my pineapples still got stolen.

Then I thought, "Maybe I should let them have all those pineapples, and I'll get some new ones." But I knew that I would have to wait three more years. That was hard for me to do.

Finally I said, "Look, I will give you all of these pineapples, and then I will start all over again. "Now you make a garden and you take all these pineapples out of my garden so that I will have room to plant new ones. I don't want your pineapples in my garden if you feel that they are yours." So they said, "Too-wan (which means 'outsider, foreigner'), you will have to pay us." I said, "Now, look!" They said, "No, no! You are asking us to move your pineapple bushes, and that is work."

So now they are mine. I said, "All right, I'll pay you one day's work. Take them all away." Then they said, "We don't have a garden ready. Will you pay us to get it ready?" I said, "Forget it!" I was so fed up with them.

I told my wife: "This is impossible! I am just going to pay some guy to root them all out and throw them on the trash heap. Then if they want them, they can just take them." So we did. We rooted them all out and threw them on a heap. That was hard to do. They were nice pineapple bushes. Then I bought new plants.

I said, "Now look, all you guys. I am going to pay you to plant them, but I eat them—me and my family. You don't eat any." They responded, "You can't do that. If we plant them, we eat them." Then I said: "Look, I don't have time to mess with a garden. I have too much to do. There are so many of you, and there is only one me. You have got to help me. I want you to plant them, and I will eat them."

I said, "I will pay you. What do you want? I will give you this nice knife if you will agree to do it." They started to think. "He will pay us that knife so he can eat our pineapples." Finally they agreed. During the next three years I reminded the guy who planted them, "Look! Who is going to eat these pineapples?" He replied, "You are."

I said, "Fine! Have you still got the knife?" He said, "Yes." I said, "Well, take good care of it." If he were to lose the knife, I would be in trouble again. The payment would be gone.

Finally, after three more years the pineapples began to ripen. As my wife and I were walking through the garden again, I said, "See! Pretty soon we are going to have a crop of our own pineapples." We started to thank God that He was providing them for us. But do you know what happened? Every one of them was stolen! I would see the natives go through the garden in the daytime to spot where the pineapples were, and then at night they would be able to go right to them.

I thought, "What am I going to do? We can't close the clinic. Let's close the trade store." That's where they got their matches, salt, fishhooks, and things like that. They used to do without those things. That won't kill them. I said, "Okay, no more store. You stole my pineapples." When we closed the store, they began to say: "We had better leave because we don't have any salt. If he is not going to have a store, there is no advantage for us being here with him. We might as well go back to our jungle houses." So they took off to live in the jungle.

There I was sitting by myself eating pineapples. No people, no ministry. I said to my wife, "Look, we can eat pineapples back in the States—I mean, if that is all we are here to do." When a runner returned, I said, "Get them all back. We will open the store next Monday." I thought and thought. How am I going to get to eat those pineapples? There must be a way. Then I got an idea.

A German shepherd! I got the biggest German shepherd I could get on the island. I brought him in there and let him loose. They were afraid of him. They had never seen a dog that big; they had little, mangy dogs. They never fed them, and they all were diseased. And there was this well-fed German shepherd dog. They looked at the food he got. I would always have to feed him when the people weren't around because they resented the dog's food. It was better than anything they got.

That dog did the trick. Most of the people didn't dare come around any more. But now we had the same result as when we closed the store. People didn't come. I didn't have anybody to talk to. I couldn't get anybody to teach me the language.

I thought, "What do we do?" The dog wasn't working. But in the meantime, the dog was starting to breed with the village dogs and raise up wicked half-shepherds, wild and hungry. The doctor said, "Look! If your kids or anybody gets bitten by that dog, I am not going to treat them." He was using the same tactics on me that I was using on the natives. I said to my wife, "We've got to get rid of the dog." Well, I got rid of the dog. I hated to do it.

Now the dog was gone. The people came back, and again—no more pineapples. I thought, "Boy! There must be a way. What can I do?"

Then I came home on furlough and went to a seminar on resolving basic youth conflicts, called a Basic Seminar. I learned that we must give everything we own to God. The Bible says that if you give, you will have; if you keep for yourself, you will lose. Give your things to God, and God will see that you have enough. This is a basic principle.

I thought, "Man! I don't have anything to lose. I will give that pineapple garden to God because I am not eating the pineapples anyway." Now, I know that this was not a very good sacrifice. You are supposed to sacrifice something that is valuable to you. But I would give it to God and see if He could control it. I said, "Man! I am going to see how He is going to do it."

One night I was standing out in the garden. The people had gone home. I didn't want them to see me out there praying. I prayed, "Lord, see these pineapple bushes? I have fought to have fruit from them. I have claimed them. I have stood up for my rights. "It is all wrong, and I realize it now. I have seen that it is wrong, and I give them to You. "From now on, if You want me to eat any of Your pineapples, fine. You just go right ahead and give them to us. If not, fine. It doesn't really matter."

So I gave them to God, and the natives stole the pineapples as usual. I thought to myself, "See, God, You can't control them either."

Then one day they came to me and said, "Too-wan, you have become a Christian, haven't you?" I was ready to react and say, "Look here, I have been a Christian for twenty years." But instead I said, "Why do you say that?" They said, "Because you don't get angry any more when we steal your pineapples." This was a real revelation. Now I was living what I had been preaching to them. I had been telling them to love one another and be kind to one another, yet I had always been standing up for my rights, and they knew it.

Finally, one bright lad started thinking and said, "Now, why don't you get angry anymore?" I said: "I have given that garden away. It isn't my garden any more. So you are not stealing my pineapples. I don't have to get angry any more." Another guy started to think even more, and he said, "Who did you give that garden to?" They looked around. "Did he give it to you?" "Did he give it to you?" "Whose is it, anyway?" "Whose pineapples are we stealing?"

Then I said, "I have given the garden to God." They said, "To God! Hasn't He got any pineapples where He is?" I said, "I don't know whether He has or not, but

I have given it to God." They went to the village and said, "Do you know whose pineapples we are stealing? Too-wan has given them to God."

They all started thinking about that one. They came back in a group and said, "Too-wan, you should not have done it. Why don't you get them back from God? "No wonder we aren't getting the pigs when we go out hunting. "No wonder our babies are getting sick. "No wonder our wives are not giving birth. "No wonder the fish aren't biting." Then they said, "We shouldn't steal them any more if they are God's, should we?"

They were afraid of God. When the pineapples began to ripen, the natives came to me and said, "Too-wan, your pineapples are ripe." I said, "They are not mine. They belong to God." They said, "But they are going to rot. You had better pick them." I got some and I let the natives take some. When my family sat down to eat them, I said, "Lord, we are eating Your pineapples. Thank You for giving them to us." All those years those natives were watching me and listening to my words. They saw that the two didn't match. But when I began to change, they did too. Soon many natives decided to become Christians.

The principle of giving to God was really working. I could hardly believe it myself. Soon I started giving other things to God. One day my son was near death, and there was no way to get him to a doctor. I suddenly realized that I'd never given my son to God! So I prayed, "God, I give my son to You. Whatever You want to do is fine." That was harder than giving God the pineapple garden! I was prepared for God to take my son. But that night the fever broke, and my son got well.

The natives began bringing things for me to fix. I said, "God, my time is Yours. If You want me to fix harmonicas and pots and shovels out here on the mission field, fine!" I wasn't getting as much Bible translation done, but more and more people were being won to Christ. They kept saying, "Too-wan has become a Christian. He tells us to love one another, and now he is starting to love us."

One day as I was fixing a broken chair, a native saw me and said, "Here, let me help you hold it." After we fixed it, I said, "Well, aren't you going to ask me for any salt?" He said, "No, Too-wan. Don't you remember? You helped me fix my shovel. Now I help you fix your chair." I thought, "Man! That is the first time they did anything for me without getting paid for it."

Then one day I saw something in the Bible that I had never noticed before.

"When ye shall come into the land, and shall have planted all manner of trees for food . . . **three years** shall it be as uncircumcised unto you: it shall not be eaten of. But in the **fourth year all the fruit** thereof **shall be holy** to praise the Lord withal. And in the **fifth year shall ye eat** of the fruit thereof, that it may yield unto you the increase thereof: I am the Lord your God." (Leviticus 19:23–25).

Finally I understood! God never intended me to eat those pineapples the first year they were ripe! He wanted me to dedicate them to Him. Then He wanted me to give them to the natives so that they could see my good works  and glorify my Father Who was in heaven. If I had only done this, the natives would have urged me to eat the pineapples the fifth year. Man! All the trouble I could have avoided!

What is your "pineapple garden"?

Health, Plans, Job, Will, Money, Possessions, Dating, Activities, Friends, Opinions, Reputation, Music?

What is your "pineapple garden"?